Of
21

CATÉCHISME POLITIQUE

DE LA CONSTITUTION

DE LA MONARCHIE ESPAGNOLE.

IMPRIMERIE DE Mme. V^e. PERRONNEAU,

quai des Augustins, n°. 39.

CATÉCHISME POLITIQUE

DE LA CONSTITUTION

DE LA MONARCHIE ESPAGNOLE,

Destiné à éclairer le peuple, à instruire la jeunesse,
et à l'usage des écoles primaires;

TRADUIT DE L'ESPAGNOL

PAR C.-P. DE LASTEYRIE,

MEMBRE DE PLUSIEURS SOCIÉTÉS SAVANTES.

A PARIS,

Chez BÉCHET, libraire, quai des Augustins, n°. 63.

1815.

AVIS DU TRADUCTEUR.

L'ÉTAT ancien de l'Espagne, le caractère des Espagnols tant calomniés, quoique si estimables, les circonstances qui ont précédé la révolution de ce peuple énergique, celles qui l'ont accompagnée étant peu connues, il est difficile, pour la plupart des lecteurs, de bien juger l'esprit de la constitution espagnole, et de bien saisir les vues et les motifs d'après lesquels elle a été conçue. Il faudrait pour cela connaître les lois anciennes de cette monarchie, ou avoir lu les discussions dont cet ouvrage a été le résultat. On peut cependant, à défaut de ces notions, acquérir une idée assez exacte du système d'après lequel elle a été formée, et des motifs qui l'ont dictée, en lisant son Catéchisme, publié pour l'instruction des jeunes gens et des écoles. On a donc

pensé qu'il serait utile pour l'intelligc.
de cette constitution , de faire connaître
le Catéchisme qui en donne l'explication ,
et qui peut être considéré comme un
chef-d'œuvre et servir de modèle en cc
genre.

Il est bon , d'ailleurs , de rappeler ,
dans un moment où l'on s'occupe d'une
nouvelle constitution , les principes d'une
saine liberté , qui ont été si souvent dér..
turés et méconnus en France. L'époque
est arrivée où notre malheureuse nation ,
trop longtems le jouet du crime , de
l'ambition et de l'intrigue , doit enfin trouver le repos et la liberté pour lesquels
elle a fait de si grands sacrifices et formé
des vœux si ardens !

CATÉCHISME POLITIQUE

DE LA CONSTITUTION

DE LA MONARCHIE ESPAGNOLE.

LEÇON PREMIÈRE.

De la Constitution.

———

Demande. Qu'est-ce que la constitution ?

Réponse. C'est une collection des lois fondamentales et politiques d'une nation, mises en ordre.

D. Qu'entend-on par lois fondamentales ?

R. Ce sont celles qui établissent la forme du gouvernement, c'est-à-dire, celles qui déterminent les conditions auxquelles les uns doivent obéir, et les autres commander.

D. A qui appartient la faculté de faire ces lois ?

R. A la nation, par elle seule, ou par le moyen de ses représentans ou députés.

D. Avons-nous une constitution ?

R. Nous en avons une très-bonne, qui peut nous rendre heureux, si nous l'observons, et si nous contribuons à la faire observer.

D. Par qui a-t-elle été faite ?

R. Par les cortès généraux et extraordinaires installés dans l'île de Léon, le 20 décembre 1810.

D. Ainsi, la constitution est une nouveauté introduite parmi-nous ?

R. Non ; ses articles principaux ont été usités anciennement : cependant, comme ils ne formaient pas un corps, et que leur observation n'était pas garantie ; les personnes intéressées à les violer, étant parvenues à les faire tomber en oubli, les cortès les ont fait revivre.

D. Qu'est-ce qui compose ces cortès ?

R. Les représentans de la nation espagnole ou ses députés, choisis librement par le peuple espagnol.

~~~~~~

LEÇON IIe.

De la Nation Espagnole.

***

D. Qu'est-ce que la nation espagnole?

R. C'est la réunion de tous les Espagnols des deux émisphères. (*Art.* 1er. de la constitution.)

D. Quel est le territoire de cette grande nation?

R. Le territoire espagnol comprend, dans la péninsule inclusivement, avec ses possessions et ses îles adjacentes : l'Arragon, les Asturies, la vieille Castille, la nouvelle Castille, la Catalogne, Cordoue, l'Estramadoure, la Gallice, Grenade, Jaen, Léon, Molina, Murcie, Navarre, le provinces Biscaïennes, Séville et Valence, les îles Baléares, les Canaries et les autres possessions d'Afrique. Dans l'Amérique septentrionale : la nouvelle-Espagne avec la nouvelle-Gallice, et la péninsule de Yucatan, Guatimala, les provinces intérieures de l'est, les provinces intérieures de l'ouest, l'île de Cuba

avec les deux Florides , la partie espagnole de
l'île de Saint-Domingue , et l'île de Porto-
Rico avec les autres terres adjacentes au conti-
nent de l'une et l'autre mer. Dans l'Amérique
méridionale : la nouvelle Grenade , Venezuela
et le Pérou , le Chili , les provinces de la
rivière de la Plata , et toutes les îles adjacentes
dans la mer Pacifique et dans l'Atlantique.
Dans l'Asie : les îles Philippines et celles qui
dépendent de son gouvernement. (*Art.* 10.)

D. Cette nation a-t-elle un maître ?

R. Non ; car étant libre et indépendante ,
elle n'est ni ne peut être le patrimoine d'aucune famille ni d'aucun individu. D'ailleurs ,
la souveraineté réside essentiellement dans elle ;
et , par la même raison , c'est à elle qu'appartient exclusivement le droit d'établir ses lois
fondamentales. (*Art.* 2 *et* 3.)

D. Que veut dire la réponse précédente ?

R. Elle signifie que la réunion de tous les
Espagnols ne reconnaît rien au-dessus d'elle ;
de sorte qu'avec le concours de la volonté de
tous , ou de la majeure partie , la nation a le
droit de prendre les mesures qu'elle juge pro-
pres à établir son bonheur , sans que personne

ait la faculté ni le droit de s'opposer à ses délibérations.

D. Le roi est-il le souverain ?

R. Le roi est un citoyen comme les autres, qui reçoit son autorité de la nation ; et comme celle-ci lui accorde une partie de la souveraineté à cause que cette concession convient au bien général, on lui donne le titre de souverain, soit pour faire ressortir l'élévation de la dignité qu'il occupe, soit pour inspirer le respect qui lui est dû.

D. Pourrait-on expliquer ceci d'une manière plus claire ?

R. Supposons que trois ou quatre cents individus, sans avoir aucune relation entr'eux, s'embarquassent pour un voyage maritime, et qu'une tempête les jetât sur une île déserte ; forcés de vivre dans ce lieu, aucun d'eux n'aurait autorité sur les autres ; chacun serait libre et indépendant, et par conséquent, maître absolu de lui-même, sans reconnaître de souverain.

D. Mais comment pourraient-ils vivre unis, chacun ne pensant que pour soi, et ne se trouvant personne qui veillât au bien général ?

R. C'est pour cette raison, qu'en se réunissant pour vivre en société, après avoir reconnu la dépendance réciproque qui doit les lier mutuellement, ils renonceraient à l'indépendance individuelle, à la liberté absolue dont ils jouissent, en s'assujétissant à des règles qu'ils croiraient leur convenir, et l'indépendance individuelle céderait ses droits à l'intérêt général : de sorte que, personne en particulier n'ayant le droit de commander à ses compagnons, ils pourraient cependant, d'un consentement unanime, adopter l'organisation qui leur paraîtrait la plus favorable à leurs intérêts. Il résulte delà que celui qu'ils choisiraient pour les guider et les gouverner, recevrait son autorité des autres, qui auraient, par la même raison, le droit de lui imposer les conditions qu'ils jugeraient convenables. C'est ainsi que se sont formées les nations ; et cet exemple démontre, non-seulement ce qu'on doit entendre par souveraineté nationale ; mais encore que celle-ci réside essentiellement dans le peuple. Celui qui gouverne légitimement est donc un individu comme les autres, chargé, sous certaines conditions, de l'exercice des pouvoirs dont toute réunion a la jouissance, et qu'elle dépose entre les mains de cet individu, afin d'établir le bon ordre, et d'être mieux dirigée.

D. Quelle est, d'après ce principe, la religion à laquelle la nation espagnole se soumet, afin de conserver les bonnes mœurs, de rendre vertueux tous les individus qui la composent ?

R. La religion de la nation espagnole est et sera perpétuellement la religion catholique, apostolique, romaine, et la seule vraie. La nation la protège par des lois sages et justes, et défend l'exercice de toutes les autres (*Art.* 12.)

D. Par quelles raisons préfère-t-on la religion espagnole exclusivement à toutes les autres ?

R. Parce que la nation est intimement convaincue que la religion catholique et apostolique romaine, est la seule vraie, et parce que l'unité des sentimens religieux est utile au bien de l'état, et y maintient la concorde ainsi que l'unité des sentimens politiques lui est favorable.

D. Quels sont les devoirs des Espagnols réunis, et considérés comme nation ?

R. Ils doivent se protéger réciproquement, ainsi que l'exprime la constitution, en ces termes :

« La nation est obligée de conserver et de protéger, par des lois sages et justes, la liberté civile, la propriété ainsi que les autres droits légitimes de tous les individus qui la composent. » (*Art.* 4.)

D. Quels sont ces droits?

R. La liberté, la sûreté, la propriété et l'égalité.

D. Qu'entend-on par sûreté ?

R. Le concours de tous en général pour assurer les droits de chacun en particulier.

D. A quoi se réduit le droit de propriété ?

R. A ce que chacun puisse jouir exclusivement de ses biens et en disposer comme bon lui semble, ainsi que des produits de ses talens, de son industrie et de son travail, sans que personne ait la faculté de l'en priver en tout ou en partie.

D. En quoi consiste la liberté?

R. La liberté ne consiste pas, ainsi que le croient quelques ignorans, à ce qu'on puisse faire tout ce qui plaît, mais à faire tout ce qui ne préjudicie pas aux droits d'autrui, et qui n'est pas défendu par les lois.

D. Mais les lois ne sont-elles pas contraires à la liberté?

R. Non : elles servent à la protéger ; car s'il était permis de porter préjudice aux droits des autres, le plus fort, le plus adroit et le plus puissant opprimerait le faible, le simple et le pauvre, et ainsi il n'existerait plus de liberté.

D. Combien y a-t-il d'espèces de liberté?

R. Trois principales : liberté naturelle, liberté politique, et liberté civile.

D. Qu'entend-on par liberté naturelle?

R. La faculté qui appartiendrait à l'homme non vivant en société, de faire ce qu'il voudrait.

D. Ainsi l'homme dans cet état ne serait assujéti à aucune loi ?

R. L'homme serait sujet à la loi naturelle lors même qu'il vivrait hors de toute société, état difficile à comprendre. Ainsi il ne pourrait offenser ni frapper les autres hommes sans enlever les fruits qu'ils auraient cueillis pour leur existence, ni leur faire un autre mal quelconque.

D. Qu'est-ce que c'est que la liberté politique ?

R. C'est la faculté que l'on a de coucourir par

soi ou par ses représentans au gouvernement de sa nation ou de l'état auquel on appartient.

D. Qu'entend-on par liberté civile ?

R. On entend cette liberté dont tout homme qui vit en société doit jouir pour faire ce qui lui convient et ce qui lui est profitable, sans que personne ait le droit de le défendre, excepté la loi seule.

D. A laquelle de ces trois espèces de libertés appartient la liberté de la presse ?

R. A la liberté civile ; à elle appartient la liberté d'écrire, tout autant que celle de parler, celle de manger, de marcher et celle de jouir de toutes nos facultés physiques et morales, dans tout ce qui n'est pas contraire à la loi.

D. En quoi consiste donc la liberté de la presse ?

R. Elle consiste en ce que l'homme n'ayant pas besoin de demander aucune permission pour manger, n'a plus besoin d'une permission pour imprimer ce qu'il a pensé. Mais comme on ne peut parler des choses qui offensent la société ou les particuliers, on ne peut, par la même raison, imprimer ces choses. C'est pourquoi la constitution, après avoir réglé le mode d'une

bonne instruction publique sans laquelle il ne
peut exister de bonheur, a décrété que tous les
Espagnols jouissent de la liberté d'écrire et de
publier leurs idées politiques sans avoir besoin
de permission ou de licence, de censure ou d'approbation quelconque autérieures à la publicité,
sauf les restrictions et la responsabilité établies
par les lois.

D. Pourquoi cette liberté trouve-t-elle un si
grand nombre d'opposans?

R. Parce qu'il y a un grand nombre de personnes qui vivent d'abus, et que la liberté de
la presse, en éclairant le peuple, en commande et
en accélère la réforme.

D. Faut-il confondre la liberté avec l'indépendance?

R. Non : une nation est indépendante, lorsqu'elle n'est en aucune manière sous la prépon-
dérance ou sous l'influence d'une autre nation.
Une nation est libre, lorsqu'elle n'est pas sujette
au pouvoir arbitraire d'un ou de plusieurs hommes. Ainsi, lorsque nous disons que nous combattons pour notre liberté, nous voulons signi-
fier que nous combattons pour défendre notre
constitution et éviter les actes arbitraires des

2

hommes qui nous gouvernent en les assujétissant aux lois. Mais quand nous disons que nous
combattons pour notre indépendance, nous
voulons dire que nous combattons pour que les
Français ne nous commandent pas.

D. En quoi consiste l'égalité?

R. En ce que la loi soit la même pour tous.
C'est-à-dire, que tous aient les mêmes droits
et les mêmes obligations, sans aucun privilége
et exception.

LEÇON IIIᵉ.

De la Loi.

D. Qu'est-ce que la loi?

R. On nommait loi, du tems de charles IV et
des autres rois ses prédécesseurs, tous les ordres,
tous les décrets émis en son nom par ses ministres ou par les tribunaux : cependant, la loi ne
peut être que l'expression de la volonté générale, relativement aux choses qu'il est conve-

nable d'ordonner ou de défendre pour le bien de
tous.

D. Que signifie volonté générale ?

R. On entend par volonté générale, la volonté
de tous, ou de la majeure partie de ceux qui
composent une même nation.

D. Est-il nécessaire, pour que les lois soient
justes, que tous les citoyens se réunissent pour
manifester leur volonté, et que tous convien-
nent sur le même point ?

R. Cela doit être ainsi lorsque la chose est
possible ; mais tous les individus qui composent
une nation, comme celle d'Espagne, par exemple, qui est disséminée dans les quatre parties du
monde, ne pouvant se réunir, il faut au moins
assembler des individus élus par tous, afin
qu'ils expriment en leur nom la volonté générale,
toute décision devant être prise à la majorité ;
car il est presque impossible que tous convien-
nent sur la même chose.

D. Quel est l'objet des lois ?

R. En général, l'objet des lois est le bien de
la société ou de la nation pour laquelle elles
sont faites. Cet objet varie aussi selon les différentes espèces de lois. Il y en a des fondamen-

tales qui , ainsi que nous l'avons dit , sont celles qui établissent le gouvernement et forment ce qu'on nomme constitution ; des lois civiles qui déterminent, d'après la justice naturelle des règles fixes et les droits naturels des citoyens dans la libre possession de leur bien , et dans les différens actes et transactions qui ont lieu réciproquement au sujet de ces biens , ou de tout ce qu'on nomme propriété ; des lois criminelles qui défendent les délits et infligent les peines proportionnées. La loi, considérée sous ce point de vue , prend différentes subdivisions en raison des matières dont elle est l'objet. Mais elles sont les mêmes sous le rapport de l'autorité dont elles émanent , et sous celui de leur but général.

D. Les Espagnols qui composent la nation ne doivent-ils pas, pour faire les lois, vu qu'ils ne peuvent se réunir dans le même lieu, choisir des individus qui les représentent ?

R. C'est ce qu'ordonne la constitution , sous la condition que , pour être élu, il faut être citoyen.

~~~~~~

LEÇON IVᵉ.

Des Espagnols et des Citoyens espagnols.

———————

D. Quelle différence y a-t-il entre un Espagnol et un citoyen espagnol ?

R. La constitution déclare Espagnols :

1°. Tous les hommes libres , nés domiciliés dans les possessions des Espagnes , ainsi que leurs enfans ;

2°. Les étrangers qui ont obtenu des lettres de naturalisation des cortès ;

3°. Ceux qui , sans ces lettres de naturalisation , sont domiciliés , conformément à la loi , depuis dix ans dans quelque ville ou village de la monarchie ;

4°. Les affranchis , dès qu'ils ont acquis la liberté dans les Espagnes. (*Art.* 5.)

D. Quels sont les devoirs de chaque Espagnol en particulier ?

R. Tout Espagnol doit aimer sa patrie , être juste et bienfaisant , soumis à la constitution , obéir aux lois , respecter les autorités constituées , contribuer sans distinction , et à proportion de ses facultés , aux dépenses de l'état , et défendre la patrie les armes à la main , lorsqu'il est appelé par la loi. C'est-à-dire , qu'il ne doit exister aucun privilége , ni relativement aux contributions , ni relativement au service militaire. (*Art.* 6 , 7 , 8 *et* 9.)

D. Quelles sont les personnes qui sont citoyens ?

R. Les Espagnols nés de pères ou de mères originaires des domaines espagnols des deux hémisphères , et domiciliés dans une commune de ces domaines. Ce sont aussi les étrangers qui, jouissant des droits d'Espagnol , obtiendront des cortès des lettres spéciales de citoyen. (*Art.* 18 *et* 19.)

D. Quelles sont les conditions exigées pour que les étrangers puissent obtenir ces lettres ?

R. Ils doivent être mariés avec une Espagnole, et avoir importé ou avoir introduit en Espagne quelqu'invention ou genre d'industrie utile , ou avoir acquis des biens fonds sur lesquels ils paient une contribution directe , ou s'être établis dans le commerce avec un capital considérable et à eux appartenant au jugement des cortès, ou avoir rendu des services signalés pour le bien ou la défense de la nation. (*Art.* 20.)

Sont pareillement citoyens les fils légitimes des étrangers domiciliés en Espagne, qui, étant nés dans les domaines espagnols, n'en sont jamais sortis sans la permission du gouvernement, et qui, ayant vingt-un ans accomplis, se sont établis dans un lieu des mêmes domaines, et y exercent quelque profession, emploi ou industrie utile. (*Art.* 21.)

Quant aux Espagnols qui, par une descendance quelconque, tirent leur origine de l'Afrique, le chemin de la vertu et du mérite leur reste ouvert pour aspirer à être citoyens; et en conséquence, les cortès accorderont des lettres de citoyen à ceux qui auront rendu des services éminens à la patrie, ou à ceux qui se distingueront par leur talent, leur application et leur conduite, sous la condition qu'ils soient enfans d'un légitime mariage de pères libres, qu'ils soient eux-mêmes mariés avec une femme libre, et établis dans les domaines de l'Espagne, et qu'ils y exercent quelque profession, emploi ou industrie utile avec un capital à eux. (*Art.* 22.)

D. Quelles sont les prérogatives (*preeminencias*) dont jouissent les citoyens espagnols ?

R. La première et principale est celle de concourir à l'élection des députés qui forment la représentation nationale aux cortès , et de pouvoir , en outre , obtenir des emplois municipaux , et d'y élire. (*Art.* 23.)

D. Y a-t-il des cas où l'on perd la qualité de citoyen espagnol ?

R. Il y en a quatre:

1°. Pour avoir acquis naturalisation en pays étranger ; 2°. Pour avoir accepté un emploi d'un autre gouvernement ; 3°. A raison d'une sentence portant peine afflictive ou infamante , à moins qu'on ne soit réhabilité ; 4°. Pour avoir résidé cinq années de suite hors du territoire espagnol , sans commission ou permission du gouvernement. (*Art.* 4.)

D. Cette qualité ne peut-elle pas être perdue pour d'autres causes ?

R. Non : cependant , l'exercice des droits de citoyen est suspendu dans les cas suivans : 1°. En vertu d'une interdiction judiciaire pour incapacité physique ou morale ; 2°. Par l'état de débiteur failli , ou de débiteur de deniers publics ;

3°. Par l'état de domesticité ; 4°. Pour n'avoir ni emploi, charge ou moyen connu d'existence ; 5°. Pour se trouver poursuivi criminellement. La constitution établit, en outre, qu'à dater de 1830, ceux qui voudront entrer de nouveau dans l'exercice des droits de citoyen, devront savoir lire et écrire. (*Art.* 25.)

LEÇON Ve.

Du Gouvernement.

D. Qu'est-ce que le gouvernement ?

R. Afin que l'ordre et la tranquillité règnent dans tous les pays, et que les forts n'oppriment pas les faibles, il doit y avoir quelques personnes qui, du consentement de tous, gouvernent, et qui établissent ce qu'ils jugent plus conforme au bien général. Les règles d'après lesquelles elles doivent gouverner, et les conditions sous lesquelles les autres doivent obéir, constituent ce qu'on nomme un gouvernement.

L'on donne à ces règles et à ces conditions, ainsi que nous l'avons vu, le nom de lois fondamentales du pays, qui forment la constitution.

D. Ces règles et ces conditions sont-elles les mêmes dans tous les pays ?

R. Non ; et c'est ce qui produit différentes espèces de gouvernement. Dans quelques pays, un seul homme ordonne et exerce la souveraineté, sans d'autres restrictions que sa propre volonté ; ailleurs, quoiqu'un seul homme commande, il est obligé de suivre certaines lois. Dans quelques pays, le gouvernement est entre les mains de certaines personnes élues pour la vie, ou pour un tems déterminé ; enfin, dans d'autres, l'exercice de la souveraineté se trouve divisé.

D. Comment a lieu cette division ?

R. Elle a lieu lorsque les uns établissent et règlent les formes de gouvernement ; c'est-à-dire, qu'ils font la loi, que les autres la font exécuter et veillent à son maintien ; d'autres décident d'après les règles établies, lorsqu'il s'élève des différens entre les intéressés.

D. En supposant cette division, comment nomme-t-on la faculté en vertu de laquelle agit

chaque individu qui participe au commande-
ment ?

R. On la nomme autorité , ou pouvoir ; en
conséquence , la première se nomme pouvoir
législatif , en vertu duquel celui qui en est doué
émet les lois ; la seconde se nomme pouvoir exécutif, en vertu duquel il fait exécuter les lois ; la
troisième, pouvoir judiciaire, en vertu duquel
il juge et applique les lois à des cas particuliers.

D. Que doit-on conclure de tout ce qui vient
d'être dit ?

R. Que le gouvernement varie dans ces formes , selon la distribution établie par les lois
fondamentales d'un pays , entre ces autorités ou
pouvoirs , ou selon le pacte convenu entre ceux
qui doivent commander , et ceux qui doivent
obéir.

D. Combien y a-t-il de formes de gouvernement ?

R. La distribution des trois pouvoirs dont
nous avons parlé peut être combinée de diverses
manières , et varier dans ses modifications ; d'où
il suit qu'il existe différentes formes de gouvernement. Les principales sont au nombre de

trois ; savoir : le gouvernement despotique , **le
gouvernement monarchique** , et le gouvernement républicain.

D. En quoi consiste le gouvernement despotique ?

R. Il offre la réunion des trois pouvoirs législatif , exécutif et judiciaire en une seule
personne qui , en vertu de ces pouvoirs, fait
les lois à sa guise , les exécute selon son caprice , les applique arbitrairement , et n'agit
enfin que d'après son caprice ; et comme les
sujets n'ont, dans ce système de liberté , de propriété et de sûreté , que celle qui leur est accor-
dée par le despote , on les nomme esclaves.

D. Ce genre de gouvernement existe-t-il dans
quelque pays ?

R. Il est établi dans beaucoup d'endroits ,
principalement en Asie et en Afrique , et nous
en citerons un exemple , afin de le mieux faire
comprendre. A Maroc , où le gouvernement
est despotique , l'empereur fait comparaître
devant lui un de ses sujets ; il ordonne qu'on
le fasse périr , ou lui impose une peine arbitraire quelconque, soit qu'il reçoive une plainte
contre lui , ou qu'il ait commis un acte non
prohibé par les lois. Ainsi , cet empereur exerce

à-la-fois les trois pouvoirs : législatif, exécutif et judiciaire ; le premier, en faisant une loi pour ce cas particulier ; le second en la faisant exécuter ; le troisième en l'appliquant sur ce malheureux individu. Il exerce le même pouvoir arbitraire sur tout le reste ; et comme les autorités subalternes se conduisent de la même manière, la vie et les propriétés de ces infortunés habitans dépendent du caractère plus ou moins pervers de ceux qui gouvernent.

D. En quoi consiste le gouvernement monarchique ?

R. En ce qu'une personne seule, nommée monarque, exerce à perpétuité et exclusivement le pouvoir exécutif, et a une inspection suprême sur le pouvoir judiciaire : bien entendu que cette organisation doit être établie par le moyen de lois fondamentales que le monarque ne peut enfreindre, sans que le gouvernement ne dégénère en despotisme.

D. Comment peut-on éviter ce changement ?

R. En établissant par des lois fondamentales qui, ainsi que nous l'avons dit, forment la constitution d'une nation, certaines institutions qui servent de barrière au pouvoir exécutif. C'est parce que nous étions privés de ces institutions, que nos rois sont devenus despotes , et nous éprouvons dans ce moment les tristes conséquences d'un pareil désordre.

D. En quoi consiste le gouvernement républicain ?

R. En ce que le peuple entier , soumis à de certaines règles , conditions et lois fondamentales , exerce par lui-même le pouvoir législatif, et confère les pouvoirs exécutif et judiciaire à des individus qu'il choisit pour un tems limité.

D. Quelle autre forme de gouvernement résulte-t-il de ces pouvoirs , lorsqu'ils reçoivent différentes modifications ?

R. Ils dévient de leurs formes primitives , et reçoivent des modifications qui les rendent aristocratiques , mixtes , oligarchiques , autocratiques et tyranniques.

D. Qu'est-ce que c'est que le gouvernement aristocratique ?

R. Le gouvernement aristocratique est une nuance du gouvernement républicain ou démocratique , et signifie dans sa vraie acception , gouvernement des meilleurs. Mais comme il était difficile de composer un gouvernement avec les hommes les plus probes d'une nation, on a donné le nom d'aristocratique à celui où les nobles seuls exercent le pouvoir dont tout le peuple jouit dans la démocratie et dans la république.

D. Qu'est-ce que c'est que le gouvernement mixte?

R. C'est celui où l'établissement et la distribution des pouvoirs législatif, exécutif et judiciaire sont modifiées d'après la forme des gouvernemens simples.

D. Qu'est-ce que c'est que le gouvernement oligarchique?

R. C'est un gouvernement vicieux dans lequel un petit nombre de personnes ont usurpé et exercent arbitrairement les pouvoirs législatif et exécutif.

D. Qu'est-ce que c'est que l'autocratie?

R. Autre gouvernement vicieux, dans lequel la multitude s'empare de l'autorité, et l'exerce avec tumulte et désordre, et dont le résultat final est l'anarchie, ou l'absence de tout gouvernement.

D. Qu'est-ce c'est que la tyrannie?

R. C'est un gouvernement non moins vicieux, dans lequel une personne particulière s'empare de l'autorité suprême et l'exerce illégitimement.

D. Quel est le meilleur de tous les gouvernemens dont on vient de parler?

R. D'abord il faut exclure le despotisme, l'oligarchie, l'autocratie et la tyrannie, qui, étant essentiellement vicieux et injustes, ainsi qu'il a été dit, ne peuvent être que mauvais, et qui ne subsistent, que parce qu'ils sont maintenus par une force à laquelle le peuple subjugué ne saurait résister, ainsi qu'il arrive dans ce moment à cette partie de l'Espagne, qui gémit sous le joug d'un gouvernement usurpateur.

D. Quel est parmi les gouvernemens justes celui qui mérite la préférence ?

R. Ils sont tous bons, lorsque les pouvoirs sont bien balancés, sans que l'un ne puisse empiéter sur l'autre, ni dégénérer en abus vicieux. Alors les droits des citoyens sont toujours à l'abri de l'arbitraire. Cependant, le gouvernement républicain peut être préférable dans les petits états, par la raison qu'il laisse aux citoyens une plus grande portion de liberté individuelle. Cependant, on peut assurer que la monarchie constitutionnelle est celle qui convient mieux à une nation qui possède un territoire très-étendu ; car l'action devant se porter au loin , elle se trouverait affaiblie dans beaucoup de circonstances , si le pouvoir exécutif n'était pas suffisamment concentré.

D. Qu'entend-on par monarchie constitutionnelle ?

R. On entend une monarchie juste, réglée par les lois fondamentales qui forment, ainsi que nous l'avons dit, la constitution d'un état , et sans lesquelles le gouvernement ne serait plus monarchique, mais despotique.

D. Comment nomme-t-on celui qui, dans une monarchie , exerce le pouvoir éminent?

R. Quoiqu'il puisse avoir différens noms, on lui donne plus communément celui de roi.

D. Quel est le gouvernement de l'Espagne?

R. Le gouvernement de la nation espagnole est une monarchie modérée héréditaire. (*Art*. 14.)

D. Cela supposé , quelles sont les attributions et les droits des puissances législatives, exécutives et judiciaires?

R. La puissance de faire les lois réside dans les cortès avec le roi (*Art*. 15.)

3

D. Pourquoi le roi intervient-il dans la formation des lois?

R. On a jugé dans les cortès, nécessaire d'accorder au roi cette prérogative, pour les raisons et dans la forme dont il sera parlé plus bas?

D. En qui réside le pouvoir de faire exécuter les lois, ou pouvoir exécutif?

R. Dans le roi. (*Art.* 16.)

D. Où réside le pouvoir judiciaire, c'est-à-dire, le pouvoir d'appliquer les lois dans les procès, ou causes civiles et criminelle?

R. Dans les tribunaux établis par la loi. (*Art.* 17.)

D. Que signifie établis par la loi?

R. Cela veut dire que personne n'a la faculté de juger, si ce n'est un tribunal ou un juge établi et créé en vertu d'une loi des cortès; de sorte que le Roi ne peut former un tribunal spécial, ou commissionner un juge particulier pour qu'il juge aucun individu, et que tous les Espagnols doivent être jugés par leurs tribunaux compétans.

LEÇON VIᵉ.

Des Cortès.

D. Qu'est-ce que c'est que les cortés ?

R. C'est la réunion de tous les députés qui représentent la nation, nommés librement par les citoyens, pour la formation des lois. (*Art.* 27.)

D. Comment les citoyens nomment-ils ces députés ?

R. Par les moyens prescrits dans la constitution.

D. Quel est le nombre des députés qui composent les cortès ?

R. Les cortès se composent des citoyens espagnols soit de la péninsule, soit d'outre-mer, d'après le rapport de la population du territoire, et en raison d'un député par chaque 70,000 âmes. (*Art.* 31.)

D. Qui convoque les cortès ?

R. La constitution a statué comme loi fonda-
mentale que chaque deux ans, à jour fixe, on
élirait de nouveaux députés pour remplacer les
anciens ; de sorte que la représentation nationale ou les cortès sont toujours existans,
quoique leur session ne durera pas toujours.
(*Art.* 108.)

D. Quelles qualités faut-il avoir pour être élu
à la députation des cortès ?

R. Il faut être citoyen jouissant de l'exercice
de ses droits, ayant vingt-cinq ans révolus, né
dans la province, ou y être domicilié depuis
sept ans au moins. Les ecclésiastiques séculiers
sont éligibles (*Art.* 91.)

D. Y a-t-il des personnes qui, avec ces qualités, ne peuvent être députés au cortès ?

R. Oui : les ministres, les conseillers d'état,
et ceux qui remplissent des charges dans la maison du roi, ne pourront être élus députés aux
cortès.

Ne pourra être élu aucun étranger, quand
même il aurait obtenu des lettres de citoyen de
la part des cortès. Aucun infant d'Espagne ni
aucun des fonctionnaires publics nommés par le
gouvernement, **ne pourra être élu député aux**

cortès par la province dans laquelle il exerce sa
charge. (*Art.* 95 , 96, 97 *et* 203.)

D. Quelles sont les raisons qui font exclure
ces personnes?

R. Afin que le pouvoir exécutif dont ces personnes dépendent immédiatement, n'ait pas d'influence directe sur le pouvoir législatif; car ce
qui constitue un bon gouvernement étant, ainsi
qu'on l'a dit, le juste équilibre entre ces puissances, il faut éviter tout ce qui pourrait le
rompre. C'est pour cette raison que la constitution a déterminé que les députés sont inviolables
pour leurs opinions, et ne pourront être repris
ou cités en aucun tems , ni en aucun cas, ni par
quelque autorité que ce soit. Dans les causes
criminelles qui s'intenteraient contre eux , ils ne
pourront être jugés que par les cortès, et d'a-
près la manière et dans la forme prescrites dans
le règlement de leur régime intérieur. Pendant
les sessions des cortès et un mois après, les
députés ne pourront être cités ni exécutés pour
dettes. (*Art.* 128.)

D. Dans le cas où le pouvoir exécutif ou le
roi trouvât un intérêt à séduire quelques individus du corps législatif, pour usurper quelque
faculté préjudiciable au bien général , ne pour-

rait-il pas séduire ces individus par des dons ou
par des promesses ?

R. Non ; car les députés ne pourront, durant
le tems de leur députation, à dater de l'époque
où leur nomination est constatée dans les cortès
permanens, accepter pour eux-mêmes, ni solliciter pour d'autres un emploi quelconque à la
nomination du roi, ni aucun avancement, à
moins que ce ne soit pour parvenir à un grade
auquel leur rang d'ancienneté leur donne droit
dans la carrière qu'ils parcourent. De même ils
ne pourront, durant le tems de leur députation,
et une année après le dernier acte de leurs fonctions, obtenir pour eux, ou solliciter pour d'autres, une pension ou décoration quelconque,
à la nomination du roi. (*Art.* 159 *et* 130.)

D. Quels sont les pouvoirs attribués aux
cortès ?

R. Les pouvoirs attribués aux cortès sont :

1°. De proposer et décréter les lois, de les
interpréter et d'y déroger dans le cas où il serait
nécessaires ;

2°. De recevoir le serment du roi, du prince
des Asturies et de la régence, ainsi qu'il est prescrit en son lieu ;

3°. De résoudre toute difficulté de fait ou de

droit qui peut se rencontrer dans l'ordre de succession à la couronne ;

4°. D'élire la régence ou le régent du royaume dans les cas prescrits par la constitution, et de fixer les limites dans lesquelles la régence ou le régent devront exercer l'autorité royale ;

5°. De reconnaître publiquement le prince des Asturies ;

6°. De nommer le tuteur du roi mineur, lorsque la constitution le prescrit ;

7°. D'approuver, avant leur ratification, les traités d'alliance offensive, ceux de subsides, et les traités particuliers de commerce ;

8°. De permettre ou d'empêcher l'admission des troupes étrangères dans le royaume ;

9°. De décréter la création et la suppression de charges dans les tribunaux que la constitution établira, ainsi que la création et suppression des emplois publics ;

10°. De fixer toutes les années, sur la proposition du roi, les forces de terre et de mer, en déterminant celles qui doivent être tenues sur pied en tems de paix, et leur augmentation en tems de guerre ;

11°. De donner des règlemens à l'armée, à la

marine et à la milice nationale dans toutes les parties qui les constituent ;

12°. De fixer les dépenses de l'administration publique ;

13°. D'établir annuellement les contributions et impôts ;

14°. De lever des capitaux par la voie d'emprunt, en cas de nécessité, sur le crédit de la nation ;

15°. D'approuver la répartition des contributions entre les provinces ;

16°. D'examiner et approuver les comptes de l'emploi des deniers publics ;

17°. D'établir les douanes et tarifs des droits ;

18°. De faire les règlemens convenables pour l'administration, la conservation et l'aliénation des biens nationaux ;

19°. De déterminer la valeur, le poids, le titre et la dénominatiou des monnaies ;

20°. D'adopter le système de poids et mesures qui paraîtra le plus utile et le plus équitable ;

21°. De provoquer et encourager tout genre d'industrie, et écarter les obstacles qui en arrêtent les progrès ;

22°. D'établir le plan général de l'enregistrement public dans toute la monarchie, et d'approuver celui pour l'éducation du prince des Asturies ;

23°. D'approuver les règlemens généraux de police et santé dans le royaume ;

24°. De protéger la liberté politique de la presse ;

25°. De réaliser la responsabilité des ministres et autres fonctionnaires publics ;

26°. Enfin, il appartient aux cortès de donner ou de refuser leur consentement dans tous les cas et actes où la constitution en prescrit la nécessité. (*Art*. 131.)

~~~~~~

LEÇON VIIe.

De la formation des lois et de la sanction royale.

————

D. Suffit-il que les cortès décrètent une loi pour qu'elle soit mise à exécution ?

R. Non ; il est nécessaire que le roi l'approuve

ou la sanctionne ; c'est pourquoi nous avons dit que la puissance de faire les lois réside dans les cortès avec le roi.

D. Quelle est la manière dont doivent procéder les cortès pour former une loi ?

R. De la manière prescrite par la constitution.

D. Comment nomme-t-on l'acte par lequel le roi suspend l'effet d'une loi ?

R. On le nomme *veto*, ce qui vient de *vetare*, prohiber ; alors le roi empêche que la loi ne soit promulguée.

D. Une loi faite par les cortès reste donc sans effet, lorsque le roi ne lui donne pas son approbation ?

R. Ce pouvoir d'empêcher l'effet d'une loi est limité chez le roi ; car si les cortès décrètent une même loi pendant trois années consécutives, le roi est forcé de la sanctionner, de la faire publier, et de la faire observer lors même qu'il lui aurait refusé sa sanction pendant les deux années précédentes. (*Art.* 147, 148 *et* 149.

D. Pourquoi accorde-t-on cette intervention dans la fonction des lois, faculté qui appartient seulement à la puissance législative ?

R. Pour mieux atteindre le but, et éviter par

cette forme la précipitation, ou la chaleur avec laquelle les cortès pourraient procéder quelquefois dans la formation d'une loi. La constitution prescrit la marche à suivre, et la méthode qui doit être employée pour émettre des lois, pour y déroger, pour les sanctionner et les promulguer.

D. Les sessions des cortès durent-elles toute l'année ?

R. Non ; elles ne durent que trois mois consécutifs en commençant le 1er. de mai, quoiqu'elles puissent se proroger un mois de plus dans le cas où le roi le demande, ou que les cortès eux-mêmes le décrètent à la majorité des deux tiers des voix. (*Art.* 106 *et* 107.)

LEÇON VIIIe.

De la députation permanente.

D. Tous les députés se séparent-ils dans les mois où il n'y a pas de session ?

R. Non ; il reste une députation permanente composée de sept de leurs membres, trois Espagnols, trois Américains et un septième désigné par le sort. (*Art.* 137.)

D. Quelles sont les attributions de cette députation ?

R. Elle doit sur-tout veiller au maintien de la constitution et des lois, afin de donner avis aux prochains cortès des infractions qu'elle aurait observées, et convoquer les cortès extraordinaires dans les cas prescrits par la constitution.

LEÇON IXe.

Des cortès extraordinaires.

D. Comment se composent les cortès extraordinaires ?

R. Des mêmes députés qui composent les cortès ordinaires durant les deux années de leur députation. (*Art.* 161.)

D. Pourquoi.les appelle-t-on extraordinaires?

R. Parce qu'ils se.convoquent dans les mois où il n'y a pas de sessions.

D. Quelles sont les circonstances où la députation permanente devra les assembler ?

R. Lorsque la couronne sera vacante, lorsque le roi deviendrait, de quelque manière que ce soit, inhabile à gouverner, ou voudrait abdiquer la couronne en faveur de son successeur, ou qu'à raison des circonstances difficiles et pour des affaires graves, le roi trouverait convenable qu'elles se réunissent. (*Art.* 162.)

D. Les cortès extraordinaires étant assemblés pour ces raisons, peuvent-ils s'occuper de quelqu'autre matière ?

R. Ils ne peuvent s'occuper que des seuls objets pour lesquels ils ont été convoqués. (*Art.* 163.)

LEÇON X^e.

Du Roi.

———

D. Qui est le roi ?

R. C'est la personne au nom de laquelle s'exé=
cute tout dans le gouvernement monarchique.

D. De qui reçoit-il son autorité ?

R. De la même nation qu'il gouverne.

D. Que prescrit la constitution relativement
au Roi ?

R. Que sa personne soit sacrée et inviolable,
et qu'elle ne soit sujette à aucune responsabilité.

D. Pourquoi donne-t-on ce caractère au roi ?

R. 1°. Parce qu'on suppose d'abord que le roi,
à moins d'être trompé, ne peut rien tramer
contre les lois qui lui donnent essentiellement
son autorité, et le placent au poste éminent où
il est chargé de les faire exécuter ; 2°. si sa per-

sonne pouvait être responsable en quelque manière, ce serait pour les ambitieux un sujet con-
tinuel d'intrigues qui occasionneraient de grands
maux et de grands troubles dans la nation. Enfin
pour que le roi obtienne tout le respect, la véné-
ration et l'obéissance que commandent le bien
général et la tranquillité de l'état envers celui qui
est chargé de faire exécuter les lois.

D. Quel est le titre du roi ?

R. Celui de Majesté Catholique.

D. Quelles sont ses attributions ?

R. En lui réside exclusivement, ainsi que nous
l'avons dit, le pouvoir de faire exécuter les lois ;
son autorité s'étend à tout ce qui concerne le
maintien de l'ordre public dans l'intérieur, et la
sûreté extérieure de l'état, en se conformant à la
constitution et aux lois. (*Art.* 170.)

D. Quelles sont les autres prérogatives du
roi ?

R. Outre la sanction et la promulgation des
lois, il jouit des attributions suivantes :

1°. Il expédie les décrets, règlemens et instruc-
tions qu'il croit nécessaires pour l'exécution des
lois.

2°. Il veille à ce que la justice soit promptement et complètement rendue dans tout le royaume.

3°. Il déclare la guerre, fait et ratifie la paix, et en donne aux cortès un compte motivé.

4°. Il nomme les magistrats de tous les tribunaux civils et criminels, sur la présentation qui lui en est faite par le conseil d'état.

5°. Il nomme à tous les emplois civils et militaires.

6°. Il nomme à tous les évêchés et à toutes les dignités et bénéfices ecclésiastiques du patronage royal, sur la présentation du conseil d'état.

7°. Il accorde des honneurs et des distinctions de toute classe conformément à ce qui sera prescrit par les lois.

8°. Il commande les armées et les flottes, et nomme les généraux.

9°. Il dispose de la force armée, et la distribue comme il le juge le plus convenable.

10°. Il dirige les relations diplomatiques et commerciales avec les autres puissances, et nomme les ambassadeurs, ministres et consuls.

11°. Il veille à la fabrication des monnaies, sur lesquelles il fait mettre son effigie et son nom.

12°. Il décrète l'emploi des fonds destinés à

chacune des branches de l'administration publique.

13°. Il fait grace aux coupables, en se conformant aux lois.

14°. Il propose aux cortès les lois ou les changemens qu'il croit expédiens pour le bien de la nation, pour qu'ils en délibèrent en la forme prescrite.

15°. Il admet dans le pays, ou il arrête les décrets consistoriaux et les bules pontificales, d'après le consentement des cortès; dans les cas où les dispositions qu'ils contiennent soient générales, il entendra le conseil d'état pour savoir s'ils concernent les affaires particulières, administratives ou contentieuses; il les fera examiner par le tribunal supérieur de justice, qui les jugera et les motivera conformément aux lois.

16°. Il nomme et renvoie librement les ministres. (*Art.* 171.)

D. La constitution n'apporte-t-elle pas quelque restriction à la puissance du roi en compensation des prérogatives qu'elle lui accorde?

R. L'autorité royale est soumise aux restrictions suivantes :

1º. Le roi ne peut empêcher, sous aucun prétexte, la réunion des cortès aux époques et dans les circonstances prévues par la constitution, ni les suspendre, ni les dissoudre, ni en aucune manière entraver leurs séances et délibérations. Ceux qui le conseilleraient ou l'aideraient dans une tentative ayant pour but des actes de cette nature, sont déclarés traîtres et seront poursuivis comme tels.

2º. Le roi ne peut sortir du royaume sans le consentement des cortès ; s'il le fait, il est censé avoir abdiqué.

3º. Le roi ne peut aliéner, céder, abandonner, ni de quelque manière que ce soit transporter à un autre l'autorité royale, ni aucune de ses prérogatives. Si, pour une cause quelconque, il veut abdiquer la couronne en faveur de son successeur immédiat, il ne peut le faire sans le consentement des cortès.

4º. Le roi ne peut aliéner, céder ou échanger aucune province, ville, bourg ou village, ni aucune portion, quelque petite qu'elle puisse être, du territoire espagnol.

5º. Le roi ne peut faire d'alliance offensive, ni de traité spécial de commerce avec aucune puissance étrangère, sans le consentement des cortès.

6°. Il ne peut non plus s'obliger, par aucun traité, à fournir des subsides à aucune nation étrangère, sans le consentement des cortès.

7°. Le roi ne peut céder ni aliéner les biens nationaux sans le consentement des cortès.

8°. Le roi ne peut exiger directement par lui, ni indirectement, aucuns impôts ou contributions, ou les demander sous quelque dénomination ou quelque prétexte que ce soit : mais ils doivent toujours être décrétés par les cortès.

9°. Le roi ne peut ôter à aucun particulier, ni à aucune corporation, leur propriété, ni les troubler dans la possession, usage ou profits de ladite propriété ; et si, dans un cas quelconque, il est nécessaire, pour un objet d'utilité commune et reconnue, de prendre la propriété d'un particulier, il ne pourra le faire sans l'indemniser sur-le-champ, et sans lui en donner la valeur bien constatée par experts.

11°. Le roi ne peut priver aucun individu de sa liberté, ni lui infliger aucune peine de son autorité privée. Le ministre qui signe l'ordre, et le juge qui l'exécute, sont responsables envers la nation, et punis comme coupables d'attentat contre la liberté individuelle.

Seulement, dans le cas où le bien et la sûreté

de l'état exigent l'arrestation d'un individu, le roi pourra donner des ordres à cet effet, mais à la condition que, dans les quarante-huit heures, il le fera livrer et mettre à la disposition du tribunal ou juge compétant.

12°. Le roi, avant de contracter mariage, en fera part aux cortès, pour obtenir leur consentement ; et s'il ne le fait pas, il est sensé abdiquer la couronne. (*Art.* 172.)

D. Si le roi ne peut mettre de contribution ainsi qu'il est prescrit par la huitième restriction, comment existera-t-il avec la décence qui convient à sa dignité ?

R. Aujourd'hui le roi ne peut pas, comme auparavant, mettre arbitrairement des impôts dont la destination principale était de satisfaire la cupidité des hommes corrompus qui l'entouraient. Les cortès lui fixeront une dotation annuelle pour sa maison, d'une manière qui soit analogue à la haute dignité de sa personne. Il en sera de même pour le prince des Asturies, pour les infants, etc., et cette dotation de la maison du roi et les pensions accordées à sa famille seront fixées au commencement de chaque règne par les cortès, sans qu'il puisse y être fait aucun changement dans le courant du

même règne. Toutes ces sommes seront à la charge
de la trésorerie nationale, qui les versera par
l'administrateur nommé par le roi. (*Art.* 213
jusqu'à 221.)

D. N'est-il pas au-dessous de la dignité
d'un roi, d'être restreint par toutes ces conditions ?

R. Ces conditions assurent la liberté des
citoyens ; et la plus grande gloire et la plus
grande puissance d'un roi, consistent à régner
sur des hommes libres. Que l'on compare le
roi d'Espagne avec l'empereur des Turcs, et
que l'on dise laquelle des deux dominations
est préférable.

D. Quelles sont les autres dispositions qu'a
prises la constitution relativement au roi ?

R. Elle établit l'ordre à la succession de la
couronne, fixe la majorité du roi, et le mode
de former la régence dans les cas qui pourront survenir. Elle prescrit les formules des
sermens que le roi et le prince des Asturies
doivent prêter devant les cortès, etc., etc.
(*Art* 212.)

~~~~~~

LEÇON XIᵉ.

Des Ministres.

————

D. Si le roi, qui est inviolable, venait malheureusement à donner des ordres contre la constitution et les lois, quelles seraient les personnes qui pourraient être attaquées pour ces infractions ?

R. Le ministre qui aurait autorisé cet ordre. (*Art.* 226.)

D. Que sont les ministres ?

R. Ce sont des personnes de confiance que le roi choisit pour l'aider dans les affaires du gouvernement.

D. Quel est le nombre des ministres que la constitution accorde au roi ?

R. Elle en accorde sept, en laissant aux cortès ordinaires la faculté d'y apporter les changemens qu'ils jugeront convenables. (*Art.* 222.)

D. Quelles sont les attributions de ces ministres ?

R. Ce sout les suivantes : 1º. Le ministre d'état s'occupe des affaires diplomatiques , ou des relations avec les cours étrangères , de la nomination des ambassadeurs , ministres et consuls qui doivent résider chez les autres puissances ; 2º. le ministre de l'intérieur pour la péninsule et les îles adjacentes. Il est chargé des affaires concernant le gouvernement politique et économique du royaume , tels que la police , la salubrité , les arts , l'agriculture , l'industrie , les prisons , les hôpitaux , les postes , etc. ; 3º. le ministre de l'intérieur d'outre-mer , ou des provinces d'Amérique et d'Asie. Il a dans ses attributions les mêmes objets que le précédent , excepté les postes ; 4º. le ministre de grâce et de justice ; il nomme à tous les évêchés , les prébendes , les bénéfices , les places de judicature et de magistrature qui se donnent dans les deux émisphères , au nom du roi ou de la régence. Il est aussi chargé d'activer la justice , et de veiller à ce qu'elle soit rendue à chacun ; 5º. le ministre des finances , auquel appartient tout ce qui concerne l'entrée et la dépense des fonds du trésor public dans les deux hémis-

phères , ainsi que la perception et l'emploi des
contributions , etc. ; 6°. le ministre de la
guerre, qui doit nommer aux emplois militaires
dans les deux hémisphères , et faire exécuter les
ordonnances ; 7°. le ministre de la marine qui
s'occupe de tout ce qui concerne cette partie ,
nomme aux emplois, dispose des forces na-
vales, etc.

D. Dans le cas où un de ces ministres aurait autorisé quelqu'ordre du roi contraire aux
lois, qu'est-ce qui peut lui en demander raison ?

R. La nation, c'est-à-dire les cortès, d'après
les termes et les formes prescrites par la constitution.

D. Et si le ministre, dans ce cas, donnait
pour raison qu'il n'a agit que par ordre du
roi ?

R. Cette excuse ne serait pas valable ; car
si le roi donnait par hasard des ordres contraires à la constitution et aux lois, il serait
de son devoir de lui représenter les inconvéniens de pareils ordres ; et si nonobstant , le
roi insistait , il devrait abandonner le ministère
plutôt que d'autoriser une chose contraire à la
loi. (*Art.* 226.)

D. Mais si l'ordre était seulement signé du roi ?

R. Alors celui qui obéirait, serait puni ; c'est pour éviter que cela n'arrive, que la constitution ordonne qu'aucun tribunal, qu'aucun officier public , n'exécutera ou ne fera exécuter l'ordre qui ne serait pas revêtu de la signature d'un ministre. (*Art.* 221.)

~~~~~~

LEÇON XIIe.

Du Conseil d'Etat.

D. Le roi ou le ministre , ne pourraient-ils pas se tromper sans mauvais dessein , mais seulement par inadvertance ou a défaut de connaître une question dont il s'agirait ?

R. C'est pour obvier à ce mal , pour que les ministres n'aient aucune excuse à alléguer, et afin de mettre une borne à leur influence excessive, que l'on a statué un conseil d'état , qui est le seul conseil du roi , lequel est obligé

d'écouter son avis (quoiqu'il ne soit pas tenu
de le suivre) dans les affaires importantes du
gouvernement , spécialement lorsqu'il s'agit de
donner ou de refuser à une loi la sanction
royale , de déclarer la guerre et de faire les
traités. (*Art.* 236.)

D. De quel nombre de membres se compose
le conseil d'état ?

R. De quarante-quatre ecclésiastiques recom-
mandables et bien connus par leur mérite et
leurs lumières , dont deux évêques ; quatre
grands d'Espagne , doués de vertus, de talens
et de connaissances requises : les autres membres seront pris parmi les sujets qui se seront
distingués par leurs talens et leurs connaissances , et par les services signalés qu'ils auront
rendus dans quelques-unes des parties de l'administration et du gouvernement de l'état.
Parmi les membres du conseil d'état , douze ,
au moins , seront des provinces d'outre-mer.
(*Art.* 231 *et* 232.)

D. A qui appartient leur nomination ?

R. Au roi ; mais afin d'éviter que la nomination du roi, et qu'une soumission sans borne
à ses volontés, ne les prive , d'un côté , de la
liberté qui leur est nécessaire pour lui don-

ner franchement leurs conseils , et les porte d'autre part à se rendre aux motifs de leur propre intérêt , quoique contraire au bien général , les cortès proposent trois individus pris dans les classes respectives , pourvu qu'ils ne soient pas députés , afin que le roi choisisse celui qui lui conviendra ; mais après leur élection , le roi ne peut les déplacer sans une cause justifiée devant le suprême conseil de justice. (*Art.* 233 , 234 *et* 239.)

D. Le conseil n'a-t-il d'autres devoirs que celui de donner ses avis au roi lorsqu'il les lui demande ?

R. Il lui appartient aussi de présenter par listes triples , les sujets qui doivent occuper les bénéfices ecclésiastiques , et recevoir des provisions pour les places de judicature. (*Art.* 237.)

LEÇON XIII.

Des Tribunaux.

D. Pourquoi le roi ne peut-il nommer, d'après sa seule volonté, le juges et les agens (*ministres*) des tribunaux ?

R. Il ne peut pas les nommer ainsi, parce que les juges exerçant le pouvoir judiciaire, et les pouvoirs étant séparés, ainsi qu'il a été dit, il convient qu'ils n'aient entre eux que la seule dépendance nécessaire pour maintenir l'union qui doit régner entre eux.

D. Quels inconvéniens pourrait-il résulter, si les juges et les magistrats étaient sous une dépendance absolue du roi ?

R. Les mêmes inconvéniens que s'ils dépendaient des cortès ; car, étant alors tous soumis à ses volontés, le roi serait l'arbitre absolu de la vie, de l'honneur et des propriétés des Espagnols ; alors le gouvernement devien-

drait despotique; tous seraient esclaves de celui
qui commande; la liberté, qui ne consiste que
dans l'obéissance aux lois, serait anéantie.

D. Que prescrit la constitution pour établir
cette indépendance ?

R. Elle déclare d'abord que le pouvoir d'appliquer les lois dans les affaires civiles et criminelles, appartient exclusivement aux tribunaux ; elle établit que les juges et les magistrats
doivent être nommés par le roi, sur la présentation du conseil d'état. Elle défend ensuite
de les destituer de leurs emplois, soit tem-
poraires, soit à vie, à moins que ce ne soit
pour une cause légalement prouvée, et de
les suspendre de leurs fonctions, si ce n'est
d'après une accusation légalement intentée. De
plus, le roi ni les cortès ne peuvent, en aucun cas, exercer les fonctions judiciaires,
évoquer des causes pendantes, ni remettre en
cause des procès jugés.

D. Quelle différence y a-t-il entre les causes
civiles et les causes criminelles ?

R. Les causes civiles sont celles que l'on
nomme communément procès (*pleytos*) dans
lesquels deux ou plusieurs personnes disputent

sur la propriété d'un bien, le paiement d'une dette, etc. Les causes criminelles sont celles qu'on désigne ordinairement sous le nom de procès (*procesos*), c'est-à-dire, les formes qu'on observe lorsqu'une personne est accusée de délits, afin de vérifier si elle en est réellement coupable, et dans ce cas, lui infliger la peine portée par la loi.

D. Comment sont prescrits l'ordre et les formalités des procès ?

R. Par les lois, qui sont uniformes dans tous les tribunaux, et dont le roi ni les cortès ne peuvent dispenser une fois qu'elles sont établies. (*Art*. 244.)

D. Doit-on observer les mêmes formes pour juger un pauvre ou un riche, un artisan ou un homme titré, un cultivateur ou un grand ?

R. On doit observer les mêmes formes pour les uns comme pour les autres ; c'est cette égalité devant la loi, que beaucoup de personnes, par ignorance ou à dessein prémédité, ont voulu confondre avec la destruction de toute subordination.

D. Mais lorsque la faveur ou la défaveur est portée sur une personne, ne pourrait-on pas la faire juger par une commission spéciale choisie parmi les juges qui conviendraient le mieux ?

R. Non, par la raison que la constitution ordonne, ainsi qu'il a été dit, qu'aucun Espagnol, ne pourra être jugé dans les causes civiles et criminelles par aucune commission ; mais seulement par le tribunal compétant assigné antérieurement par la loi. (*Art.* 247.)

D. Les tribunaux ont-ils d'autres fonctions que celle de juger les procès ?

R. Afin que la division des pouvoirs, qui est le plus fort appui de la liberté des citoyens, puisse exister, les tribunaux n'ont pas le droit d'exercer d'autres fonctions que celle de juger et de disposer les choses pour que le jugement soit exécuté.

Ils ne pourront suspendre l'exécution des lois, ni faire aucun règlement pour l'administration de la justice. (*Art.* 245 *et* 246.)

D. Dans le cas où un magistrat ou juge manquerait à son devoir, qui est chargé de le punir ?

R. La constitution ordonne, afin de concilier l'indépendance des magistrats et des juges avec leur responsabilité, que s'il est porté des plaintes au roi contre un magistrat, et si après avoir formé une enquête, ces plaintes paraissent fondées, le roi ayant entendu son conseil d'état, pourra suspendre ce magistrat, en transmettant immédiatement l'enquête au tribunal suprême de justice, afin que celui-ci juge conformément aux lois. Il appartient aux audiences de prendre connaissance des causes de suspension et de destitution, qui concernent les juges inférieurs de leur juridiction respective. (*Art.* 253 *et* 263.)

D. Quels sont les tribunaux établis par la constitution ?

R. Un tribunal suprême de justice, des audiences et des juges de première instance.

D. Quelles sont les attributions du tribunal suprême de justice ?

R. Elles sont toutes spécifiées dans la même constitution. Une des principales est celle de juger les ministres, lorsque les cortès décréteront qu'il y a lieu de les mettre en jugement. De connaître les causes de destitution et de suspension des conseillers d'état, et des maîtres d'audience. (*Art.* 261.)

D. Quelles sont les règles prescrites relativement aux audiences et aux tribunaux inférieurs ?

R. On a établi les principes d'après lesquels la justice doit être administrée avec rectitude et célérité dans le civil comme dans le criminel. On a élevé les audiences au rang des tribunaux suprêmes devant lesquels se terminent définitivement toutes les causes civiles et criminelles de leur juridiction respective, pour la commodité et l'économie des personnes qui ont des procès à juger. (*Art.* 262 *jusqu'à* 272.)

~~~~~~

LEÇON XIVe.

De l'administration de la Justice.

D. Un juge peut-il, d'après sa seule volonté, procéder contre un individu ?

R. La division des pouvoirs serait inutile si les juges avaient cette faculté; car les actes arbitraires que l'on a prévenus de la part du roi, en divisant ses pouvoirs, auraient lieu de la part des juges, et au lieu d'un seul despote on en aurait autant que de juges.

D. Quelles sont les limites qu'on a posées à l'autorité des juges ?

R. La constitution et les lois qui prescrivent les formes à observer dans les procès civils et criminels, rendent responsables personnellement les juges qui les violent. En outre, la subordination, la corruption et la prévarication des magistrats et des juges produisent une action populaire contre les individus qui s'en rendent coupables ; c'est-à-dire, que quiconque aurait connaissance qu'un juge a violé la justice ou les dispositions prescrites par les lois, en se laissant séduire par des promesses ou par de l'argent, aurait le droit de l'accuser, lors même qu'il ne serait pas intéressé dans l'affaire. (*Art.* 254 *et* 255.)

D. Ainsi personne ne peut être arrêté arbitrairement ?

R. Non certainement ; en effet, pour éviter tout acte arbitraire, et assurer la liberté individuelle dans tout ce qui est compatible avec la liberté générale qui consiste en ce que les délits ne restent pas impunis, que la constitution ordonne qu'aucun Espagnol ne pourra être arrêté sans que préalablement il soit dressé une information touchant le fait d'après lequel il mérite

d'être puni par une peine corporelle, et qu'en
même tems le juge ne donne un ordre par écrit,
qui sera notifié à l'accusé dès l'instant de sa détention. (*Art.* 287.)

D. Mais d'après cette disposition, celui qui
commet un vol, un meurtre ou quelqu'autre
attentat, aura le tems de le consommer et de
s'évader ?

R. En flagrant délit, c'est-à-dire, dans l'acte
même du délit, tout délinquant peut non-seulement être arrêté, mais chacun a le droit de faire
cette arrestation, et de le conduire dans la pré-
sence du juge (*Art.* 292.)

D. Quelles formalités doit-on observer pour
incarcérer un individu ?

R. Afin d'éviter toute espèce d'abus et de
surprise, la constitution a déterminé que dans
le cas où il sera déterminé que la personne
arrêtée doive être mise en prison, ou qu'elle
y demeure en qualité de detenu, on dressera
un acte motivé dont copie sera envoyée à l'alcade, pour qu'il en fasse l'insertion sur le re-
gistre des prisons ; et celui-ci, dans le cas où
cette formalité ne serait pas remplie, n'admettra
personne en cette qualité, sous peine de la responsabilité la plus sévère. (*Art.* 293.)

D. Comment procède-t-on pour incarcérer un individu ?

R. La personne arrêtée sera présentée au juge avant d'être conduite en prison , afin qu'il en reçoive une déclaration , à moins qu'il ne survienne quelque empêchement ; et, dans ce cas , on la conduira en prison en qualité de détenu , et le juge recevra , dans le terme de vingt-quatre heures , sa déclaration , laquelle se fera sans prêter serment ; car on ne doit jamais en demander sur des faits personnels en matière criminelle. (*Art.* 290 *et* 291.)

D. Pourquoi la constitution défend-t-elle le serment en matière criminelle ?

R. Par la raison que lorsqu'il s'agit de faire une déclaration d'après laquelle un homme peut être convaincu de crime dans sa propre cause, on le mettrait, en exigeant un serment , dans la dure alternative d'être parjure , ou de se condamner lui-même par sa déclaration : ce qui est contraire au droit naturel.

D. La constitution ne prescrit-elle pas autre chose à ce sujet ?

R. La personne d'un Espagnol étant respectable au-dessus de toute chose, la consti-

tution , afin de mettre sa liberté à l'abri du
caprice de qui que ce soit, prescrit outre ce
qui a été dit, qu'on ne conduira pas en prison
celui qui donnera une caution , dans le cas où
la loi ne défend pas expressément qu'elle soit
reçue, et que dans tout état de cause où il
paraît que la peine capitale ne peut être infligée au détenu , on le mettra en liberté ,
pourvu qu'il fournisse une caution. (*Art.* 295
et 296.)

D. Est-ce que le délit est atténué par le cau-
tionnement ?

R. Non ; mais comme la prison n'est, ni ne
doit être qu'un moyen de s'assurer de la personne du prévenu , afin de lui infliger la peine
prescrite par la loi, dans le cas où il soit coupable, il n'est pas juste de mortifier, sans
raison, un citoyen, et de le priver sans nécessité, de sa liberté , toutes les fois que,
dans la supposition même où il serait coupable, la peine ne pourrait excéder la caution
qu'il aurait fournie. Comme il n'est cependant
pas juste de saisir, sans nécessité, les biens
de la personne arrêtée , excepté les cas de
délits qui entraînent avec eux une responsabilité pécuniaire, la constitution prescrit que

cette saisie ne pourra avoir lieu qu'en proportion de la quotité présumée. (*Art.* 294.)

D. N'existe-t-il pas des délits dans lesquels
la justice ou le gouvernement , après avoir
infligé une peine aux personnes qui s'en sont
rendues coupables , s'empare de tous leurs
biens ?

R. Cette peine barbare , nommée confica-
tion , a eu lieu jusqu'à ce moment dans di-
vers cas ; mais comme il est injuste de punir
pour les délits d'un individu, des enfans ou
des héritiers qui n'y ont participé d'aucune
manière , cette confiscation est abolie , et ab-
solument défendue par la constitution , qui
prescrit également qu'aucune peine infligée
pour quelque délit que ce soit , ne pourra,
sous aucun rapport, déshonorer la famille du
condamné : celui-là seul qui la mérite , en
éprouvera les effets. (*Art.* 304 *et* 305.)

D. Celui qui est incarcéré n'est-il pas considéré comme coupable ?

R. Personne n'est coupable aux yeux de la
loi , qu'après que la sentence a été prononcée.
Aussi la constitution , afin que nul Espagnol
ne souffre une espèce de châtiment avant que

son délit ne soit prouvé, prescrit de disposer les prisons de manière que les détenus
soient en sûreté, sans être d'une manière in-
commode. L'alcade s'assurera de leur personne,
en mettant dans des lieux séparés ceux qui
doivent être tenus au secret ; mais il ne les
enfermera jamais dans des souterrains et des
lieux mal-sains. (*Art.* 297.)

D. Quels sont les moyens employés pour que
cet article de la constitution soit observé ?

R. Il sera fait de fréquentes visites dans les
prisons, et aucun prétexte ne pourra servir d'excuse pour ne pas présenter alors les détenus. Le
juge et l'alcade qui manqueront aux dispositions
précédentes, seront punis comme coupables de
détentions arbitraires, délit qui sera spécifié
dans le code criminel. (*Art.* 298 et 299.)

D. Pourra-t-on charger de fers les personnes
arrêtées, ou les lier avec des menottes ?

R. On ne pourra faire usage de ces instru-
mens dégradans que dans le cas où il serait
nécessaire de les employer pour s'assurer de ces
personnes, mais non pas pour les torturer.

D. Qu'entend-on par torture (*apremios*) ?

R. La torture et la question sont des moyens

violens et douloureux, par l'application des-
quels on cherchait à arracher à un détenu l'aveu
du crime dont il était accusé, et la révélation
de ses complices. Cette invention atroce, créée
par une tyrannie suspecte, sacrifiait cent in-
nocens au hasard de découvrir un coupable. En
effet, les malheureux qui ne pouvaient endurer
la violence de la douleur, faisaient souvent l'aveu
de délits qu'ils n'avaient jamais commis. C'est
pour cette raison que la constitution a sagement
statué qu'on n'emploiera jamais ni la violence
ni la torture. (*Art.* 3o3.)

D. Ces mesures suffisent-elles pour assurer la
liberté civile des Espagnols?

R. Elles n'auraient pas atteint le but pro-
posé, si l'on n'eût mis les Espagnols accusés à
l'abri des traits de la vengeance, de l'inimitié,
de la haine et des autres passions qui auraient
fait du bras de la justice un instrument d'op-
pression. La constitution prescrit donc qu'il
soit signifié aux accusés, dans l'espace de vingt-
quatre heures, la cause de leur détention et les
noms de leurs accusateurs, afin de leur laisser
tous les moyens de défense, de les mettre à
l'abri des fausses accusations, d'empêcher, autant que possible, les intrigues et les faux bruits,

et de mettre les juges à même de s'assurer de
la vérité des faits. On doit, avant de prendre
la déclaration des accusés, leur lire, d'une voix
intelligible, les documens et déclarations des
témoins, ainsi que leurs noms; et s'ils ne con-
naissaient pas ces témoins, on leur donnera
sur leur compte tous les renseignemens qu'ils
pourront desirer, et que les procédures, à dater
de ce moment, seront publiques et dans la forme
déterminée par la loi. (*Art.* 300, 301 *et* 302.) :

D. Peut-on arrêter un Espagnol dans sa propre
maison ?

R. Les lois n'avaient rien déterminé à cet
égard jusqu'à ce moment; mais elles doivent
déterminer quels seront par la suite les cas
uniques où il sera permis d'entrer dans la maison d'un Espagnol : l'habitation d'un particulier étant un asile sacré, doit être respectée dans
tous les pays libres. La constitution ordonne
qu'on ne pourra entrer dans la maison d'aucun
Espagnol, si ce n'est dans les cas déterminés
par la loi, et seulement pour le bon ordre et
la sûreté de l'état. (*Art.* 306.)

~~~~~~

LEÇON XVᵉ.

Du Gouvernement intérieur des Provinces, et de celui des Municipalités.

Des assemblées (Ayumtamientos).

D. Le système d'organisation qui vient d'être exposé, suffit-il pour constituer un bon gouvernement?

R. Il constitue essentiellement un bon gouvernement, puisqu'il assure la liberté et les droits de l'homme en société ; mais il est nécessaire, chez une grande nation composée de différentes provinces et villes, de constituer des autorités chargées de veiller à l'administration, au bon ordre, et de fomenter la prospérité générale.

D. La constitution a-t-elle organisé ces autorités?

R. Oui : ayant établi des juges et des tribunaux pour régler d'une manière spéciale les affaires litigieuses, elle charge les assemblées de s'occuper du gouvernement économique ou administratif des municipalités de chaque province, sous la surveillance d'un corps désigné sous le nom de députation provinciale.

D. Comment se composent les assemblées?

R. Elles se composent d'un ou de deux alcaldes, de régidors, d'un procureur-syndic, tous nommés par la voie d'élection, et renouvelle les alcades tous les ans, les régidors par moitié chaque année, ainsi que les procureurs-syndics, lorsqu'il s'en trouvera deux; s'il n'en existait qu'un, il sera changé tous les ans. (*Art.* 309, 512, 313, 314 *et* 315.)

D. De sorte qu'il n'y a dans les assemblées ni régidors, ni autres fonctionnaires perpétuels?

R. Non : on a aboli avec beaucoup de justice ces fonctions à vie, car outre que cette espèce de privilége est contraire à l'égalité légale qui existe entre tous les Espagnols, et qu'elle est, ainsi que tous les priviléges exclusifs dont l'abolition a été prononcée, nuisible au maintien de la prospérité nationale, il n'est que trop vraisemblable qu'un individu qui posséderait pour toujours une fonction de cette nature serait plus fortement tenté de veiller à son propre intérêt qu'au bien général qui doit être l'objet de toute institution publique.

D. Tout individu peut-il être nommé à ces fonctions ?

R. Pour être alcade, régidor ou procureur-syndic, il est exigé, outre la jouissance des droits de citoyens, la majorité de vingt-cinq ans, et une résidence de cinq années au moins dans la commune, et de n'occuper aucune charge à la nomination du roi. (*Art.* 317 *et* 318.)

D. Quelle est la raison pour laquelle on exclut les employés ?

R. En général, les individus qui exercent le pouvoir exécutif aspirent toujours à étendre leur autorité et leurs facultés au-delà de ce qui convient ; c'est pour cela qu'il faut que les agens de ce pouvoir aient le moins d'influence possible dans les affaires administratives et économiques.

D. Quelles sont les affaires soumises à la compétence des assemblées ?

R. 1°. La police de la salubrité, et des objets d'intérêt public ;

2°. De prêter secours à l'alcalde en tout ce qui

concerne la sûreté des personnes et des propriétés, et la conservation de l'ordre public ;

3°. L'administration et l'emploi des revenus
fixes ou extraordinaires, conformément aux lois
et règlemens, à charge de nommer des déposi-
taires, sous la responsabilité de ceux qui les
nomment ;

4°. De faire la répartition et le recouvrement
des contributions, et de les remettre à la tréso-
serie assignée pour cet objet ;

5°. De surveiller les écoles primaires, et autres
établissemens d'éducation, payés avec les deniers
de la commune ;

6°. De surveiller les hôpitaux, les hospices,
les maisons des enfans-trouvés, et les autres établissemens de bienfaisance, en se conformant
aux règlemens qui seront formés ;

7°. De soigner la construction et la réparation
des chemins, des chaussées, des ponts et des
prisons, des bois et des plantations appartenant
aux communes, et de tous les travaux publics
de nécessité, d'utilité et d'ornement ;

8°. De former des ordonnances municipales de
la commune, en les présentant à l'approbation

des cortès , par la voie de la députation provinciale, qui en donnera son avis ;

9°. D'encourager l'agriculture , l'industrie et le commerce , d'après les localités et les circonstances où se trouvent les habitans, et d'après leur utilité et leurs avantages. (*Art.* 321.)

La constitution prescrit les règles qui doivent être observées dans l'élection , le renouvellement et autres objets relatifs aux assemblées.

~~~~~~

LEÇON XVIe.

Des Députations provinciales.

————

D. Qu'est-ce que c'est que les députations provinciales?

R. Ce sont des corps établis dans chaque province , et composés du chef supérieur de la province , de l'intendant et de sept membres élus par le peuple. (*Art.* 325 *et* 326.)

D. Quelles qualités doivent avoir les citoyens pour être élus aux députations provinciales ?

R. Il est requis, pour être membre de la députa-
tation provinciale, d'être citoyen jouissant de
l'exercice de ses droits, majeur de vingt-cinq
ans, naturel ou habitant résidant dans la province depuis sept ans au moins, et ayant un
revenu suffisant pour exister avec décence. En
sont exclus toutes les personnes qui occupent
des emplois à la nomination du roi. (*Art.* 330.)

D. Les sept membres de la députation provinciale sont-ils nommés à perpétuité?

R. Non certainement : la députation doit se
renouveler tous les deux ans par moitié; à cet
effet, le nombre le plus considérable sortira la
première année, le moins fort la seconde, et
ainsi successivement. (*Art.* 327.)

D. La députation provinciale doit-elle s'assembler fréquemment?

R. Chaque fois qu'il sera nécessaire, sans cependant qu'elle puisse avoir par an plus de quatre-
vingt-dix sessions reparties aux époques qui con-
viendront le mieux.

D. Quelles sont les fonctions de ces corps?

R. Il appartient à ces députations,

1°. De régler et d'approuver la répartition des
contributions mises sur la province;

2º. De veiller sur le bon emploi des fonds publics des communes, d'examiner les comptes, d'y donner leur approbation, avant qu'ils soient présentés à celle de l'autorité supérieure, et de faire observer en tout les lois et les règlemens ;

3º. De veiller à ce qu'il se forme des assemblées partout où il doit y en avoir, conformément aux dispositions de l'article 310 ;

4º. De proposer au gouvernement, dans le cas où il s'agirait de nouveaux travaux d'une utilité générale pour la province, ou de la réparation des anciens, les moyens d'exécution qu'elles jugent les plus convenables, et d'en solliciter la confection auprès des cortès.

Si l'urgence des travaux publics, dans les pays d'outre-mer, ne permettait pas d'attendre la décision des cortès, la députation pourra, avec le consentement exprès du chef de la province, employer immédiatement les fonds qu'elle jugera convenables, et en rendra compte, sans retard au gouvernement, à l'effet de recevoir l'approbation des cortès ;

5º. La députation nommera, sous sa responsabilité, un caissier pour le recouvrement des fonds. Les comptes de l'emploi des fonds, et l'examen qui en sera fait par la députation, seront remis au gouvernement, pour qu'il les fasse reconnaître et vérifier, et qu'il les envoie ensuite aux cortès pour recevoir leur approbation ;

6°. De faire part au gouvernement des abus qu'elle observera dans l'administration des deniers publics ;

7°. De former le sens et la statistique de la province ;

8°. De veiller à ce que les établissemens de philantropie et de bienfaisance soient administrés conformément à leur destination : de proposer au gouvernement les abus qui peuvent s'y introduire ;

9°. De faire connaître aux cortès les infractions à la constitution qui pourraient avoir lieu dans la province ;

10°. Les députations des provinces d'outre-mer veilleront sur l'administration, l'ordre et les progrès des missions pour la conversion des Indiens infidèles. Les chefs de ces établissemens leur rendront compte à ce sujet de leurs opérations, afin que les abus soient réformés. Les députations en rendront compte à leur tour au gouvernement. (*Art.* 334 *et* 335.)

6

~~~~~~

LEÇON XVIIe.

De la force militaire nationale.

_____

D. Manque-t-il encore autre chose pour que tous les citoyens vivent tranquilles et heureux dans un gouvernement organisé ainsi qu'il vient d'être dit ?

R. Si tous les hommes étaient bons, et que toutes les nations fussent gouvernées par un système pareil à celui que nous avons établi, il n'est pas douteux que ces institutions ne suffisent pour établir le bonheur d'un peuple quelconque. Mais comme il n'est malheureusement pas possible que tous les individus dont est composée notre patrie soient gens de bien, et que les autres nations aient un gouvernement juste et modéré, il en résulte qu'il doit nécessairement exister une force nationale ; c'est-à-dire, une portion des citoyens exclusivement adonnés à la profession des armes, soit pour conserver la tranquillité et l'ordre intérieur contre ceux qui voudraient la troubler , soit pour faire respecter la nation , et la défendre en cas d'attaque étrangère.

D. Il s'ensuit donc qu'il doit y avoir des soldats ?

R. Oui; mais bien différens de ceux des autres nations.

D. En quoi consiste cette différence?

R. En ce qu'un soldat espagnol sera par la suite un citoyen armé pour la défense de sa patrie , de sa constitution et de son roi ; car les autres soldats ne sont ordinairement que de vils mercenaires qui versent leur sang pour les caprices d'un tyran.

D. Tous les Espagnols sont-ils obligés d'être soldats ?

R. Personne ne peut se soustraire au service militaire lorsqu'il y est requis par les formes et dans les circonstances déterminées par la loi. C'est pourquoi les cortès, qui seuls ont le droit de faire les lois, fixeront non-seulement chaque année le nombre des troupes nécessitées d'après les circonstances , le mode de les lever, ainsi que le nombre des bâtimens de la marine mi-

litaire , qu'il sera convenable d'armer ou de
tenir armés. Ils feront pareillement les ordonnances pour régler ce qui concerne la discipline,
l'ordre d'avancement, la solde, l'administration, en un mot, tout ce qui concerne la
bonne constitution de la marine et de l'armée
de terre. (*Art.* 357, 358, 359 *et* 361.)

D. Ainsi le roi ne peut lever des troupes d'a-
près sa volonté ?

R. Non ; par la raison que des gens mal in-
tentionnés, pourraient l'induire à abuser de
cette faculté. Cependant il a le droit de disposer
de la force armée, en la répartissant de la manière qu'il juge convenable.

D. Le roi ne pourrait-il pas abuser de cette
même force, pour renverser l'ordre de gouvernement établi, usurper le pouvoir, en fran-
chissant toutes les limites et changer le gouvernement monarchique en despotique ?

R. Il n'est pas à présumer que le roi voulût
faire l'essai d'une usurpation dont il résulterait
de grands maux pour sa propre personne et
pour la nation, ni que des soldats citoyens se
prêtassent à des actes qui auraient pour but
l'anéantissement de leurs droits et de ceux de

leur famille ; cependant , dans le cas où cela arriverait , la nation aurait à sa disposition les milices nationales pour lui résister ; c'est dans cette vue que la constitution a voulu qu'il y eût dans chaque province des corps de cette nature , composés des habitans , et qu'elle a ordonné au sujet de ces milices , de leur organisation et de leurs attributions , que le roi pourrait , dans un cas de nécessité , en disposer dans les limites de leur province respective ; mais il n'a pas la faculté de les employer hors de leurs provinces , sans l'autorisation des cortès. (*Art.* 362 *et* 365.)

LEÇON XVIIIᵉ.

Des Contributions.

D. De quelle manière pourvoit-on à l'existence de toutes les personnes qui servent la nation dans les ministères , dans les tribunaux , dans l'armée , dans les bureaux et autres établissemens du gouvernement ?

R. Ces personnes ne pouvant se livrer à d'autres occupations qui leur procureraient de quoi exister, elles doivent être indemnisées par la nation et en recevoir un salaire proportionné aux travaux dont elles sont chargées.

D. D'où proviennent les fonds nécessaires pour faire face à ces dépenses et à celles que demande l'entretien de l'armée, de la marine, des arsenaux, des académies, des écoles publiques, etc. ?

R. Comme ces établissemens sont au profit de tout le monde, chacun doit contribuer à les maintenir ; et c'est pour cette raison que l'on met des contributions.

D. A qui appartient le droit, en Espagne, de mettre des contributions ?

R. Il en est des contributions comme des lois qui doivent émaner d'une volonté générale pour avoir leur effet ; ainsi, il appartient aux cortès d'établir ou de confirmer les contributions directes ou indirectes, générales, provinciales ou municipales ; les anciennes devant subsister jusqu'à ce que leur abolition ait été décrétée, ou qu'on en établisse d'autres. (*Art.* 358.)

D. Y a-t-il quelques personnes qui en soient exemptés ?

R. Personne ; car la constitution a sagement réglé que les contributions seront réparties également entre tous les Espagnols , en raison des facultés de chacun , sans aucun privilége , ni exception. (*Art.* 359.)

D. Mais ne pourrait-il pas y avoir malversation , dilapidation , ou quelqu'autre fraude dans l'emploi du produit des contributions ou impôts?

R. Non ; car la constitution prescrit les règles d'après lesquelles doit être organisée la trésorerie nationale , et le mode des comptes de la recette et de la dépense des deniers publics qui doivent être rendus chaque année. On évitera ainsi les dilapidations qui ont eu lieu sous le règne de Charles IV. Les énormes contributions dont était accablé sous ce règne le peuple infortuné , étaient employées à satisfaire l'avarice et les caprices du favori Godoy.

D. Reverra-t-on jamais ces tems malheureux où les Espagnols dégradés , avilis , et oubliant leurs antiques lois , étaient le jouet d'un ou de plusieurs hommes qui abusaient de la bonté et du caractère généreux de la nation?

R. Les Espagnols ont recouvré aujourd'hui leurs droits qui leur avaient été enlevés par le despotisme ; les efforts héroïques qu'ils ont faits et qu'ils font encore pour conserver leur indépendance, prouvent suffisamment qu'ils ne permettront plus qu'on leur ravisse leur liberté, cette liberté fondée sur l'observation fidèle de la sage constitution qu'ils ont jurée.

FIN.